Handlettering

Die 42 schönsten Alphabete für kreatives Handlettering

Let's

DO

THIS

EINFÜHRUNG

Handlettering ist zurzeit in aller Munde. Man sieht die schönen Schriften überall. Egal ob auf Tassen, Tafeln, Plakaten oder sogar Klamotten. Das Wort „Handlettering" kommt aus dem Englischen und bedeutet sinngemäß übersetzt: Handbuchstaben zeichnen.

Und das trifft es! Die Buchstaben werden weniger geschrieben, sondern wirklich gezeichnet. Dabei gibt es verschiedene Techniken, wie man vorgehen kann, welche wir in diesem Übungsheft kurz anschneiden möchten. Jedoch möchten wir gar nicht so tief ausholen. Denn es handelt sich hier um kein Grundlagenbuch, sondern wie auch schon bereits erwähnt um ein Übungsheft.

Ich möchte, dass du als Anfänger einen groben Überblick über die Materie bekommst und sofort ins Handeln kommst. Denn nur durch Übung gelingt einem die Kunst der schönen Schriften. Vom Lesen hat noch nie jemand „schönes Schreiben" gelernt.

Doch kurz etwas zu meiner Person:

Mein Name ist Lea und ich beschäftige mich bereits seit einigen Jahren mit der Kunst des Schönschreibens! Das spiegelt sich auch mehr oder weniger in meiner eigenen Inneneinrichtung wieder. Ich liebe Dekoartikel, welche mit Handlettering verziert wurden oder „Wand-Tattoos" mit schönen Handlettering Sprüchen.

Auch die Küchentafel wird natürlich stets mit liebevollem Handlettering verziert. Aber abseits von der Dekoration gibt es noch unzählige andere tolle Einsatzmöglichkeiten für das Handlettering. So zum Beispiel bei Gruß-, Glückwunschs- und Geschenkkarten!

Mit einer schönen, selbstgemachten Karte kann man seinen Freunden und Verwandten eine echte Freude machen! Doch das weißt du sicherlich schon selber. Denn möglicherweise hast du auch genau aus diesem Grund dieses Übungsheft gekauft :)

Doch genug zu mir - legen wir los! Auf den nächsten Seiten werde ich wie bereits angedeutet zunächst auf ein paar Grundlagen eingehen. Ich werde auf die wichtigsten Dinge eingehen und versuchen dir noch den ein oder anderen praktischen Tipp an die Hand zu geben.

Anschließend erwarten dich über 42 Alphabete. Hier handelt es sich um über 20 verschiedene Schriftarten, was für den Anfang vollkommen ausreichen sollte um tolle Handletterings zu zeichnen. Bei den meisten Schriftarten wirst du einmal das Alphabet in Großbuchstaben vorfinden und einmal das Alphabet in Kleinbuchstaben.

Bei einzelnen besonderen Schriftarten wird es jedoch so sein, dass du nur ein Alphabet mit Großbuchstaben vorfinden wirst. Und nun - viel Spaß beim Lesen und zeichnen!

NOCH EIN HINWEIS ZUM BUCH:

Sollte es der Fall sein, dass dein Stift für dieses Papier nicht optimal geeignet ist oder solltest du dieses Buch nur als Vorlage verwenden und gar nicht hineinschreiben wollen, habe ich für dich eine Seite bereitgestellt, wo das gesamte Buch als digitale Version noch einmal herunterladen & ausdrucken kannst!

Viele Anbieter verlangen für die digitale Version meistens sogar zusätzliches Geld. Ich möchte dir aber die digitale Version gerne schenken, sodass du so oft üben kannst, bis du die schönsten Handletterings schreibst! :)

Über den folgenden Link gelangst du zu der exklusiven Download-Seite für Käufer von diesem Buch, wo du die digitale Version sofort mit einem Klick sichern kannst.

www.handlettering-kunst.de/übungsbuch-download

GRATIS BONUS:

Und das soll noch nicht alles sein! Denn beim Handlettering kommt es nicht nur immer auf die Buchstaben an. Für mich ist Handlettering viel mehr ein kreatives Gesamtpaket, welches sich aus der Kombination von schönen Buchstaben sowie kleinen, kreativen Design-Elementen.

Vor allem bei der Gestaltung von Plakaten oder Geschenkkarten sind solche kleinen Design-Elemente meiner Meinung nach sehr wichtig! Aus diesem Grund findest du noch vor dem Alphabet eine Reihe von tollen Design-Elementen, womit sich deine Buchstaben noch besser in Szene setzen lassen!

DAS RICHTIGE EQUIPMENT

Gerade als Anfänger wird man nahezu von Angeboten rund um das Thema Handlettering nur so überhäuft. Welches Papier ist am Besten? Welche Stifte soll ich verwenden? Berechtigte Fragen, die sich natürlich jeder Anfänger zu Beginn stellt.

Im Folgenden möchte ich dir sagen, worauf es bei der Auswahl der Materialien ankommt. Ich beziehe mich übrigens hier auf die moderne Form der Kalligrafie bzw. auf das BrushLettering. Handlettering ist ein weitgefasster Begriff.

Doch wenn wir vom derzeitigen Trend ausgehen und uns an den schönen moderen Grußkarten, Postern, Dekoartikeln & Vintage-Designs orientieren, dann gehen wir vom BrushLettering aus (moderne Form vom Handlettering / Kalligrafie).

WELCHES PAPIER BENÖTIGE ICH FÜR DAS BRUSHLETTERING?

Die Wahl des Papiers ist zwar nicht ganz so wichtig wie die Wahl der Stifte, dennoch möchte ich auch hier kurz auf das richtige Equipemt eingehen. Und zwar haben sich in der Vergangenheit für das Üben vor allem sogenannte „Dot Grid“ (zu deutsch: Punktraster) Blöcke bewährt.

Diese sind so ähnlich wie das gängige „Kächsten-Papier“, jedoch gibt es hier keine Linien, sondern lediglich Punkte. Die Punkte können beim Zeichnen sehr helfen. Vor allem Anfängern fällt es meist leichter mit Punktraster-Papier anzufangen.

Ein sehr empfehlenswertes Papier für Handlettering ist z.B. das „DotPad“ von dem Anbieter Rhodia (einfach mal bei Amazon eingeben). Das Papier ist außerdem sehr glatt, was ebenfalls wichtig ist. Raues Papier kann dazu führen, dass die Stifte schneller kaputt gehen.

Wer z.B. Übungsblätter gerne ausdrucken möchte, wie zum Beispiel die digitale Version von diesem Buch, deren Link ich zu Beginn bereitgestellt habe, der sollte vor allem auf FSC-Zertifiziertes Papier zurückgreifen, mit einem Papiergewicht von 120 Gramm.

Hier kann ich unter anderem das DCP-Druckpapier von Clairefontaine empfehlen!

WELCHE STIFTE WERDEN BENÖTIGT

Für das moderne Handlettering / BrushLettering benötigt man natürlich eine ganz besondere Gruppe von Stiften: Brush-Pens!

Der Markt für Brush-Pens ist riesig und als Anfänger steigt man hier wirklich kaum noch durch. Als Anfängerstift sind folgende Eigenschaften wichtig:

- nicht zu teuer (als Anfänger neigt man dazu, dass Stifte etwas schneller kaputt gehen)
- robuste Pinselspitze
- kleiner, handlicher Stift
- wasserfest

Für Anfänger hat sich zum Beispiel der Brush-Pen von Edding bewährt. Gerade als Anfänger neigt man dazu, die Pinselspize etwas ungünstig zu führen. Hier ist ein Robuster Stift wichtig, da sonst die Spitze zu schnell ausfranst.

Bei Amazon kannst du einfach folgendes eingeben „edding 1340 Brush Pen“. Das ist ein Brush-Pen, welcher sich vor allem für Anfänger sehr gut eignet.

BRUSH-PENS FÜR FORTGESCHRITTENE

Den Stift, welchen ich im Folgenden vorstelle, ist jedoch etwas teurer als zum Beispiel der Brush-Pen von Edding. Wenn man als Anfänger etwas zu ungestüm mit dem Stift umgeht, ärgert man sich bei dem Preis natürlich mehr über einen Verlust.

Außerdem ist der folgende Stift etwas größer. Dieser liegt zwar nicht schlecht in der Hand. Für Anfänger würde ich als ersten Stift jedoch unterm Strich den Brush-Pen von edding empfehlen! Wie dem auch sei - hier der Stift für Fortgeschrittene:

Tombow WS-BS Brush Pen Fudenosuke

Gib den Namen oberhalb ebenfalls einfach bei Amazon oder einem Shop deiner Wahl ein. Zurzeit ist der Tombow mein Lieblingsstift und ich kann diesen mit gutem Gewissen empfehlen. Übrigens: für diese Empfehlungen werde ich natürlich nicht bezahlt! Die Empfehlungen beruhen alle auf persönlichen Erfahrungswerten!

SO HÄLT MAN DEN STIFT RICHTIG

Das ist ein Thema, welches häufig von Anfängern unterschätzt wird. Und das kann ich nur zu gut verstehen! Denn man möchte am Liebsten gleich drauf loslegen und seiner Kreativität freien Lauf lassen. Solltest du den Brush-Pen jedoch "falsch" halten, so kann es passieren, dass dieser schneller kaputt geht und ausfranst!

Wichtig ist, dass die Pinselspitze beim Zeichnen nicht umknicht. Halte dafür den Stift am Besten in einem Winkel von 45 Grad, zeigend nach oben links. Hier ein kleines Bild zu Veranschaulichung:

ÜBUNG  macht den Meister

Das soll es auch auch schon für‘s erste gewesen sein. Wie bereits erwähnt handelt es sich hier nicht um ein Grundlagen-Buch. Davon gibt es genug! Dies ist ein praktisches Übungsbuch. Es dient zur praktischen Anwendung von Handlettering und soll eine Inspiration für deine zukünftigen Werke werden.

Auf den Folgenden Seiten findest du nun die ganzen Alphabete sowie die Bonus-Design-Elemente. Ich wünsche viel Spaß bei der Umsetzung! :)

320 doodle ICONS FOR EVERY OCCASION

11

A
B C

KG

WE <3
Handlettering

TRENNLINIEN, BANNER & GESCHNÖRKEL

MENU

Menu

Menu

Menu

Menu

& & & &

Menu

Nutze all diese geschnörkelten Muster, Trennlinien, Icons oder auch Banner (Ribbons), um dich ein wenig inspirieren zu lassen. Manche mögen vielleicht für das Handlettering etwas zu aufwendig sein, jedoch eignet sich jedes einzelne Muster als herorragende Inspirationsquelle für außergewöhnliche Handletterings!

Bakery

Schnellübersicht:

A B C D E F G H I J K L M
N O P Q R S T U V W X Y Z

a b c d e f g h i j k l m
n o p q r s t u v w x y z

Bakery am praktischen Beispiel:

WENN DU

aufgeben

WILLST, DENK DARAN,

WARUM DU

angefangen

HAST…

Schreibstil: Bakery

Schreibstil: Estirada Molestar

A A A A A A A

B B B B B B B

C C C C C C C

D D D D D

E E E E E E

F F F F F F F

G G G G G G G

H H H H H H H

I I I I I I I

J J J J J J J J

K K K K K K

L L L L

M M M M M

N N N N N

O O O O O O

P P P P P P P P

Q Q Q Q Q Q

R R R R R R

S S S S S S S

T T T T T T

U U U U U U

V V V V V V

W W W W W

X X X X X X

Y Y Y Y Y Y

Z Z Z Z

a a a a a a

b b b b b b

c c c c c c

d d d d d d

e e e e e e

f f f f f f f

g g g g g g

h h h h h h

i i i i i i i

j j j j j j j

k k k k k k

l l l l l l l

m m m m

n n n n n

o o o o o o

p p p p p p

q q q q q q

r r r r r r

s s s s s s

t t t t t t t

u u u u u

v v v v v v

w w w w w

x x x x x x

y y y y y y y

z z z z z z z

Beyond the Mountains

Schnellübersicht:

A B C D E F G H I J K L M
N O P Q R S T U V W X Y Z

a b c d e f g h i j k l m
n o p q r s t u v w x y z

Beyond the mountains am praktischen Beispiel:

SEI WIE EINE
Ananas

STEH AUFRECHT
Trage eine Krone
UND SEI INNEN...ganz süss

Schreibstil: Beyond the mountains
Findest du hier: Folgende Seiten

Schreibstil: Estirada Molestar
Findest du hier: Seite XX

A A A A A A

B B B B B B

C C C C C C

D D D D D D

E E E E E E

F F F F F

G G G G G G

H H H H H H

I I I I I I I I

J J J J J J

K K K K K K

L L L L L L

M M M M M

N N N N N

O O O O O O

P P P P P P P

Q Q Q Q Q Q

R R R R R R

S S S S S S S

T T T T T T

U U U U U U

V V V V V V

W W W W W

X X X X X X

Y Y Y Y Y Y

Z Z Z Z

a a a a a

b b b b b

c c c c c c

d d d d d

e e e e e e

f f f f f f f

g g g g g g

h h h h h h

i i i i i i i

j j j j j j j

k k k k k k

l l l l l l l

m m m m

n n n n n

o o o o o o

p p p p p p

q q q q q q

r r r r r r

s s s s s s

t t t t t t t

u u u u u

v v v v v v

w w w w

x x x x x

y y y y y y

z z z z z z

Minion

Schnellübersicht:

A B C D E F G H I J K L M
N O P Q R S T U V W X Y Z

a b c d e f g h i j k l m
n o p q r s t u v w x y z

Falls du ganz genau hinsiehst, dann wurde als Hauptschriftart für dieses Buch die Schriftart „Minion" verwendet. Diese wurde von Robert Slimbach & Carol Twombly designed und gehört zu den Urstücken der Typografie. Die Schriftart ist zwar etwas schlichter, lässt sich jedoch auch hin und wieder beim Handlettering super verwenden!

Minion am praktischen Beispiel:

Schreibstil: Minion

DU.
ICH.
läuft!

Schreibstil: Bakery

A A A A

B B B B B

C C C C

D D D D

E E E E E

F F F F F

G G G G

H H H H

I I I I I I

J J J J J

K K K K

L L L L L

M M M M

N N N N

O O O O

P P P P P

Q Q Q Q Q

R R R R R

S S S S S

T T T T T

U U U U U

V V V V V

W W W W

X X X X X

Y Y Y Y Y

Z Z Z Z Z Z

a a a a a

b b b b b

c c c c c

d d d d d

e e e e e

f f f f f f

g g g g g g

h h h h h h

i i i i i i i

j j j j j j j

k k k k k k

l l l l l l l

m m m m

n n n n n

o o o o o o

p p p p p p

q q q q q q

r r r r r r

s s s s s s

t t t t t t t

u u u u u

v v v v v v

w w w w w

x x x x x x

y y y y y y y

z z z z z z z

BALQIS

Schnellansicht:

A B C D E F G H I J K L M
N O P Q R S T U V W X Y Z

a b c d e f g h i j k l m
n o p q r s t u v w x y z

Balqis am praktischen Beispiel:

Schreibstil: Bakery

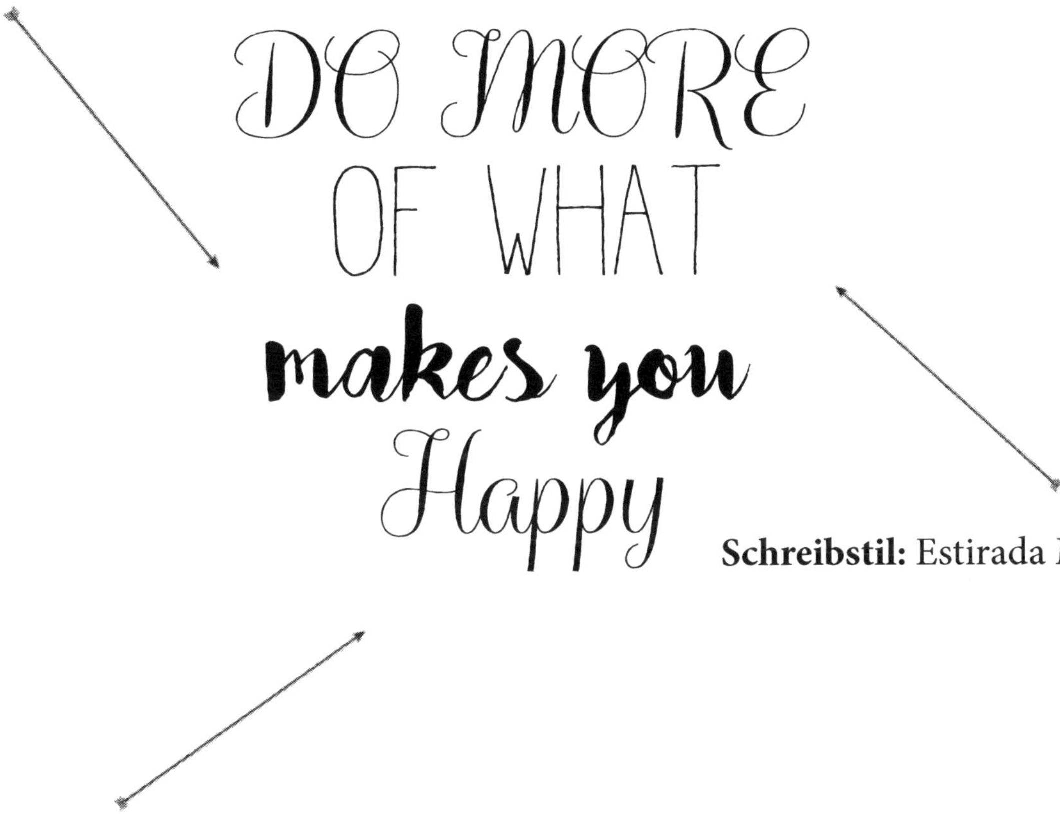

Schreibstil: Estirada Molestar

Schreibstil: Balqis

A A A A A

B B B B

C C C C C

D D D D D

E E E E E

F F F F F F F

G G G G G G

H H H H H H

I I I I I I I I

J J J J J J

K K K K K

L L L L L

M M M M

N N N N

O O O O O O

P P P P P P P

Q Q Q Q Q Q

R R R R R R

S S S S S

T T T T T T

U U U U U

V V V V V

W W W W

X X X X X

Y Y Y Y Y Y

Z Z Z Z Z

a a a a a a

b b b b b b

c c c c c c

d d d d d d

e e e e e e

f f f f f f f f

g g g g g g

h h h h h h h

i i i i i i i

j j j j j j j

k k k k k k

l l l l l l l

m m m m

n n n n n

o o o o o o

p p p p p p

q q q q q q

r r r r r r

s s s s s s

t t t t t t t

u u u u u

v v v v v v

w w w w w

x x x x x x

y y y y y y y

z z z z z z z

SOPHIA

SCHNELLÜBERSICHT:

A B C D E F G H I J K L M
N O P Q R S T U V W X Y Z

SOPHIA IN DER PRAXIS...

Schreibstil: Estirada Molestar

SEI EINFACH

DU SELBST

ALLE ANDEREN

GIBT ES SCHON!

Schreibstil: Sophia

A A A A A

B B B B B B

C C C C C C

D D D D D D

E E E E E E

F F F F F F

G G G G G G

H H H H H H

I I I I I I I I

J J J J J J J

K K K K K K

L L L L L L

M M M M M

N N N N N

O O O O O O

P P P P P P P

Q Q Q Q Q Q

R R R R R R

S S S S S S

T T T T T T T

U U U U U U

V V V V V V

W W W W W W

X X X X X X

Y Y Y Y Y Y

Z Z Z Z Z Z Z

SKINNY

SCHNELLANSICHT:

A B C D E F G H I J K L M
N O P Q R S T U V W X Y Z

SKINNY AM PRAKTISCHEN BEISPIEL:

DONT

QUIT.

A A A A A A

B B B B B B B

C C C C C C

D D D D D D

E E E E E E

F F F F F F F

G G G G G G

H H H H H H

I I I I I I I I

J J J J J J J J

K K K K K K

L L L L L L

M M M M M

N N N N N

O O O O O O

P P P P P P P

Q Q Q Q Q Q

R R R R R R

S S S S S S S

T T T T T T

U U U U U U

V V V V V V

W W W W W

X X X X X X

Y Y Y Y Y Y

Z Z Z Z Z Z Z

Alex Brush

Schnellübersicht:

A B C D E F G H I J K L M
N O P Q R S T U V W X Y Z

a b c d e f g h i j k l m
n o p q r s t u v w x y z

Alex Brush am praktischen Beispiel:

Whatever it takes.

A A A A

B B B B B

C C C C C

D D D D D

E E E E E E

F F F F F F

G G G G G

H H H H

I I I I I

J J J J

K K K K

L L L L L

M M M M

N N N N

O O O O O

P P P P

Q Q Q Q Q

R R R R R

S S S S S S

T T T T T T

U U U U U

V V V V V

W W W W

X X X X X

Y Y Y Y Y

Z Z Z Z Z Z Z

a a a a a a

b b b b b b

c c c c c c c

d d d d d

e e e e e e

f f f f f f f

g g g g g g

h h h h h h

i i i i i i i

j j j j j j j

k k k k k k

l l l l l l l

m m m m

n n n n n

o o o o o o

p p p p p p

q q q q q q

r r r r r r

s s s s s s

t t t t t t t

u u u u u

v v v v v v

w w w w w

x x x x x x

y y y y y y y

z z z z z z z

Cookie

Schnellübersicht:

A B C D E F G H I J K L M
N O P Q R S T U V W X Y Z

a b c d e f g h i j k l m
n o p q r s t u v w x y z

Cookie am praktischen Beispiel:

you
make me
happy <3

A A A A A A

B B B B B B

C C C C C C

D D D D D

E E E E E E

F F F F F F

G G G G G

H H H H H

I I I I I I

J J J J J J

K K K K K

L L L L L L

M M M M M

N N N N N

O O O O O

P P P P P

Q Q Q Q Q

R R R R R

S S S S S S S

T T T T T T

U U U U U U

V V V V V V

W W W W W

X X X X X X

Y Y Y Y Y Y

Z Z Z Z Z Z Z

a a a a a a

b b b b b b

c c c c c c

d d d d d d

e e e e e e

f f f f f f f

g g g g g g

h h h h h h

i i i i i i i

j j j j j j j

k k k k k k

l l l l l l l

m m m m

n n n n n

o o o o o o

p p p p p p

q q q q q q

r r r r r r

s s s s s s

t t t t t t t

u u u u u

v v v v v v

w w w w w

x x x x x x

y y y y y y y

z z z z z z z

Kingthings

Schnellansicht:

A B C D E F G H I J K L M
N O P Q R S T U V W X Y Z

a b c d e f g h i j k l m
n o p q r s t u v w x y z

Bakery am praktischen Beispiel:

A A A A

B B B B B

C C C C C

D D D D D

E E E E E

F F F F F

G G G G G

H H H H H

I I I I I I

J J J J J

K K K K K

L L L L L

M M M M

N N N N

O O O O

P P P P P

Q Q Q Q Q

R R R R R

S S S S S

T T T T T

U U U U U

V V V V V

W W W W

X X X X X

Y Y Y Y Y

Z Z Z Z Z Z

a a a a a

b b b b b b

c c c c c c

d d d d d d

e e e e e e

f f f f f f f

g g g g g g

h h h h h h

i i i i i i i

j j j j j j j

k k k k k

l l l l l l

m m m m

n n n n n

o o o o o o

p p p p p p

q q q q q q

r r r r r r

s s s s s

t t t t t

u u u u

v v v v v

w w w w

x x x x x

y y y y y y

z z z z z z z

Pacifico

Schnellübersicht:

A B C D E F G H I J K L M
N O P Q R S T U V W X Y Z

a b c d e f g h i j k l m
n o p q r s t u v w x y z

Pacifico am praktischen Beispiel:

Life

IS BETTER IN... 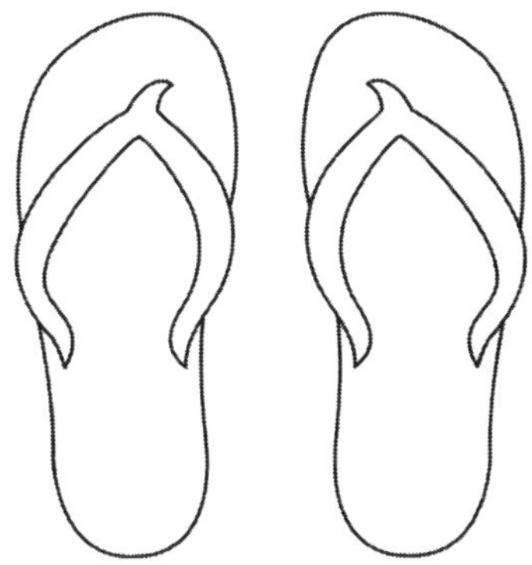

FLIP FLOPS

A A A A A A

B B B B B B B

C C C C C C

D D D D D D

E E E E E E

F F F F F F F

G G G G G G

H H H H H H

I I I I I I I

J J J J J J J J

K K K K K K

L L L L L L

M M M M M

N N N N N

O O O O O O

P P P P P P P

Q Q Q Q Q Q

R R R R R R

S S S S S S S

T T T T T T

U U U U U U

V V V V V V

W W W W W

X X X X X X

Y Y Y Y Y Y

Z Z Z Z Z Z

a a a a a a

b b b b b b

c c c c c c

d d d d d d

e e e e e e

f f f f f f f

g g g g g g

h h h h h h

i i i i i i i

j j j j j j j

k k k k k k

l l l l l l l

m m m m

n n n n n

o o o o o o

p p p p p p

q q q q q q

r r r r r r

s s s s s s

t t t t t t t

u u u u u

v v v v v v

w w w w w

x x x x x x

y y y y y y y

z z z z z z z

LATO

Schnellübersicht:

A B C D E F G H I J K L M
N O P Q R S T U V W X Y Z

a b c d e f g h i j k l m
n o p q r s t u v w x y z

LATO am praktischen Beispiel:

Der frühe Vogel...kann mich mal!

A A A A A A

B B B B B B

C C C C C

D D D D D

E E E E E E

F F F F F F

G G G G G

H H H H H

I I I I I I I I

J J J J J J J

K K K K K

L L L L L L

M M M M

N N N N N

O O O O O

P P P P P P

Q Q Q Q Q

R R R R R

S S S S S

T T T T T T

U U U U U

V V V V V V

W W W W

X X X X X

Y Y Y Y Y Y

Z Z Z Z Z Z

a a a a a a

b b b b b b

c c c c c c

d d d d d d

e e e e e e

f f f f f f

g g g g g g

h h h h h h

i i i i i i

j j j j j j j
k k k k k k
l l l l l l l
m m m m
n n n n n
o o o o o o
p p p p p p
q q q q q q
r r r r r r

s s s s s s

t t t t t t t

u u u u u

v v v v v v

w w w w w

x x x x x x

y y y y y y y

z z z z z z z

Comic

Schnellübersicht:

A B C D E F G H I J K L M
N O P Q R S T U V W X Y Z

a b c d e f g h i j k l m
n o p q r s t u v w x y z

Comic am praktischen Beispiel:

Schreibstil: Bakery

WHEN

nothing

GOES RIGHT

GO LEFT

Schreibstil: Estirada Molestar

Schreibstil: Comic

A A A A A

B B B B B

C C C C C

D D D D D

E E E E E

F F F F F

G G G G G

H H H H H

I I I I I

J J J J J

K K K K K

L L L L L L

M M M M

N N N N

O O O O

P P P P P P

Q Q Q Q

R R R R R

S S S S S
T T T T T
U U U U U
V V V V V
W W W W
X X X X
Y Y Y Y Y
Z Z Z Z Z

a a a a a

b b b b b

c c c c c

d d d d d

e e e e e

f f f f f

g g g g g

h h h h h

i i i i i

j j j j j

k k k k k

l l l l l

m m m m

n n n n n

o o o o o

p p p p p p

q q q q q q

r r r r r r

s s s s s

t t t t t

u u u u u

v v v v v

w w w w

x x x x x

y y y y y

z z z z z z

SELIMA

Schnellübersicht:

A B C D E F G H I J K L M
N O P Q R S T U V W X Y Z

a b c d e f g h i j k l m
n o p q r s t u v w x y z

Selima am praktischen Beispiel:

Kopf hoch...

sonst kannst

du die Sterne

nicht sehen!

A A A A A A

B B B B B B

C C C C C C

D D D D D D

E E E E E E

F F F F F F

G G G G G G

H H H H H H

I I I I I I I I

J J J J J J

K K K K K K

L L L L L L

M M M M M

N N N N N

O O O O O O

P P P P P P

Q Q Q Q Q

R R R R R

S S S S S S

T T T T T T

U U U U U U

V V V V V V

W W W W W

X X X X X X

Y Y Y Y Y

Z Z Z Z Z Z

a a a a a a

b b b b b b

c c c c c c

d d d d d d

e e e e e e

f f f f f f f

g g g g g g

h h h h h h

i i i i i i i

j j j j j j j

k k k k k k

l l l l l l

m m m m

n n n n n

o o o o o o

p p p p p p

q q q q q q

r r r r r r

s s s s s s

t t t t t t t

u u u u u

v v v v v v

w w w w w

x x x x x x

y y y y y y y

z z z z z z z

American Diner

Schnellübersicht:

A B C D E F G H I J K L M
N O P Q R S T U V W X Y Z

a b c d e f g h i j k l m
n o p q r s t u v w x y z

American Diner am praktischen Beispiel:

WAS MICH NICHT

glücklich macht

KANN **WEG!**

Schreibstil: Estirada

Schreibstil: Blenda

A A A A A

B B B B B

C C C C C

D D D D

E E E E E

F F F F F

G G G G G

H H H H

I I I I I I

J J J J J J

K K K K

L L L L L L

M M M M M

N N N N N

O O O O O

P P P P P

Q Q Q Q Q

R R R R R

S S S S S

T T T T

U U U U

V V V V

W W W

X X X X

Y Y Y Y Y

Z Z Z Z Z

a a a a a a

b b b b b b

c c c c c c

d d d d d d

e e e e e e

f f f f f f f

g g g g g g

h h h h h h

i i i i i i i

j j j j j j j

k k k k k k

l l l l l l l

m m m m

n n n n n

o o o o o o

p p p p p p

q q q q q q

r r r r r r

s s s s s s

t t t t t t t

u u u u u

v v v v v v

w w w w w

x x x x x x

y y y y y y y

z z z z z z z

Sweet Sugar

Schnellansicht:

A B C D E F G H I J K L M
N O P Q R S T U V W X Y Z

a b c d e f g h i j k l m
n o p q r s t u v w x y z

Sweet Sugar am praktischen Beispiel:

Schreibstil: Estirada

Schreibstil: Bakery

ENTFERNUNG KANN

2 Körper trennen

ABER NICHT

2 Herzen <3

Schreibstil: Sweet Sugar

A A A A

B B B B

C C C C C

D D D D

E E E E

F F F F

G G G G

H H H H H

I I I I I

J J J J J

K K K K

L L L L L

M M M M

N N N N

O O O O

P P P P

Q Q Q Q

R R R R

S S S S S

T T T T T

U U U U U

V V V V

W W W W

X X X X

Y Y Y Y Y

Z Z Z Z Z

a a a a a

b b b b b

c c c c c

d d d d d

e e e e e

f f f f f

g g g g g

h h h h h h

i i i i i i

j j j j j

k k k k k

l l l l l l

m m m m

n n n n n

o o o o o

p p p p p

q q q q q

r r r r r

s s s s s

t t t t t

u u u u

v v v v v

w w w w w

x x x x x

y y y y y

z z z z z z

Black Jack

Schnellübersicht:

A B C D E F G H I J K L M
N O P Q R S T U V W X Y Z

a b c d e f g h i j k l m
n o p q r s t u v w x y z

Black Jack am praktischen Beispiel:

Schreibstil: Black Jack

Schreibstil: American Diner

Schreibstil: Estirada

A A A A

B B B B B B

C C C C C

D D D D D

E E E E E E

F F F F F

G G G G G

H H H H

I I I I I I

J J J J J J

K K K K K K

L L L L L L

M M M M M

N N N N N

O O O O O O

P P P P P P P

Q Q Q Q Q Q

R R R R R R

S S S S S S S

T T T T T T

U U U U U U

V V V V V V

W W W W W

X X X X X X

Y Y Y Y Y Y

Z Z Z Z Z Z Z

a a a a a a

b b b b b b

c c c c c c

d d d d d d

e e e e e e

f f f f f f f

g g g g g g

h h h h h h

i i i i i i i

j j j j j j j

k k k k k k

l l l l l l l

m m m m

n n n n n

o o o o o o

p p p p p p

q q q q q q

r r r r r r

s s s s s s

t t t t t t t

u u u u u

v v v v v v

w w w w w

x x x x x x

y y y y y y y

z z z z z z z

ESTIRADA

SCHNELLÜBERSICHT:

A B C D E F G H I J K L M

N O P Q R S T U V W X Y Z

A B C D E F G H I J K L M

N O P Q R S T U V -

ESTIRADA AM PRAKTISCHEN BEISPIEL:

GIB JEDEM TAG

die Chance

DEIN LIEBLINGSTAG

zu werden...

Schreibstil: Bakery

Schreibstil: Estirada

A A A A A A

B B B B B B B

C C C C C C

D D D D D D

E E E E E E

F F F F F F F

G G G G G G

H H H H H H

I I I I I I I I

J J J J J J

K K K K K K

L L L L L L

M M M M M

N N N N N

O O O O O O

P P P P P P

Q Q Q Q Q Q

R R R R R R

S S S S S S

T T T T T T

U U U U U U

V V V V V V

W W W W W

X X X X X X

Y Y Y Y Y Y

Z Z Z Z Z Z Z

Germanica

Schnellansicht:

A B C D E F G H I J K L M
N O P Q R S T U V W X Y Z

a b c d e f g h i j k l m
n o p q r s t u v w x y z

Germanica am praktischen Beispiel:

Schreibstil: Estirada
Findest du hier: Seite XX

Schreibstil: Bakery
Findest du hier: XX

Schreibstil: Germanica
Findest du hier: Seite XX

A A A A

B B B B

C C C C

D D D D

E E E E

F F F F

G G G G

H H H H

I I I I I

I I I I I

K K K K

L L L L

M M M

N N N N

O O O O

P P P P

Q Q Q Q

R R R R

S S S S

T T T T

U U U

V V V

W W W

X X X X

Y Y Y

Z Z Z Z

a a a a a

b b b b b

c c c c

d d d d d

e e e e e

f f f f f

g g g g g

h h h h h

i i i i i i

j j j j j j j

k k k k k k

l l l l l l

m m m m

n n n n n

o o o o o o

p p p p p p

q q q q q q

r r r r r r

s s s s s s

t t t t t t t

u u u u u

v v v v v v

w w w w w

x x x x x x

y y y y y y

z z z z z z z

Satisfying

Schnellübersicht:

A B C D E F G H I J K L M
N O P Q R S T U V W X Y Z

a b c d e f g h i j k l m
n o p q r s t u v w x y z

Satisfying am praktischen Beispiel:

MEINE

gute Laune

GEHT GERADE MEINE

Motivation suchen

JETZT SIND BEIDE WEG

Schreibstil: Satisfying

Schreibstil: Estirada Molestar

A A A A A A

B B B B B B

C C C C C C

D D D D D D

E E E E E E

F F F F F F

G G G G G G

H H H H H H

I I I I I I

J J J J J J

K K K K K K

L L L L L L

M M M M M

N N N N N

O O O O O O

P P P P P P P

Q Q Q Q Q Q

R R R R R R

S S S S S S S

T T T T T T

U U U U U U

V V V V V V

W W W W W

X X X X X X

Y Y Y Y Y Y

Z Z Z Z Z Z Z

a a a a a a

b b b b b b

c c c c c c

d d d d d d

e e e e e e

f f f f f f f

g g g g g g

h h h h h h

i i i i i i

j j j j j j j

k k k k k k k

l l l l l l l

m m m m

n n n n n

o o o o o o

p p p p p p

q q q q q q

r r r r r r

s s s s s s

t t t t t t t

u u u u u

v v v v v v

w w w w w

x x x x x x

y y y y y y y

z z z z z z z

Nickainely

Schnellübersicht:

A B C D E F G H I J K L M
N O P Q R S T U V W X Y Z

a b c d e f g h i j k l m
n o p q r s t u v w x y z

Nickainely am praktischen Beispiel:

Enjoy the
little things.

A A A A A

B B B B B

C C C C C C

D D D D D

E E E E E E

F F F F F F

G G G G G

H H H H H

I I I I I I

J J J J J J

K K K K K

L L L L L L

M M M M

N N N N N

O O O O O

P P P P P

Q Q Q Q Q

R R R R R

S S S S S S

T T T T T T

U U U U U

V V V V V

W W W W

X X X X X

Y Y Y Y Y

Z Z Z Z Z Z

a a a a a

b b b b b

c c c c c

d d d d d

e e e e e e

f f f f f f

g g g g g

h h h h h

i i i i i i

j j j j j j j

k k k k k k

l l l l l l

m m m m

n n n n n

o o o o o

p p p p p

q q q q q

r r r r r

s s s s s s

t t t t t t t

u u u u u

v v v v v v

w w w w w

x x x x x

y y y y y y

z z z z z z

Beacon

Schnellübersicht:

A B C D E F G H I J K L M
N O P Q R S T U V W X Y Z

a b c d e f g h i j k l m
n o p q r s t u v w x y z

Beacon am praktischen Beispiel:

Schreibstil: Estirada Molestar

Schreibstil: Beacon

A A A A A A

B B B B B B B

C C C C C C

D D D D D D

E E E E E E

F F F F F F F

G G G G G G

H H H H H H

I I I I I I I I

J J J J J J J J

K K K K K K

L L L L L L

M M M M M

N N N N N

O O O O O O

P P P P P P P

Q Q Q Q Q Q

R R R R R R

S S S S S S S

T T T T T T

U U U U U U

V V V V V V

W W W W W

X X X X X X

Y Y Y Y Y Y

Z Z Z Z Z Z Z

a a a a a a

b b b b b b

c c c c c c

d d d d d d

e e e e e e

f f f f f f f

g g g g g g

h h h h h h

i i i i i i i

j j j j j j j

k k k k k k

l l l l l l l

m m m m

n n n n n

o o o o o o

p p p p p p

q q q q q q

r r r r r r

s s s s s s

t t t t t t t

u u u u u

v v v v v v

w w w w w

x x x x x x

y y y y y y y

z z z z z z z

Rosco Brush

Schnellübersicht:

A B C D E F G H I J K L M

N O P Q R S T U V W X Y Z

a b c d e f g h i j k l m

n o p q r s t u v w x y z

Rosco Brush am praktischen Beispiel:

Schreibstil: Estirada Molestar

MAMA...

Du bist die Beste.

Schreibstil: Rosco Brush

A A A A A

B B B B B

C C C C C

D D D D

E E E E E

F F F F F

G G G G G

H H H H H

I I I I I I I

J J J J J

K K K K K

L L L L L

M M M M

N N N N N

O O O O O

P P P P P

Q Q Q Q Q

R R R R R

S S S S S

T T T T T

U U U U U

V V V V V

W W W W

X X X X X

Y Y Y Y Y

Z Z Z Z Z Z

a a a a a

b b b b b

c c c c c

d d d d d

e e e e e

f f f f f

g g g g g g

h h h h h h

i i i i i i i

j j j j j

k k k k k k

l l l l l l

m m m m

n n n n n

o o o o o o

p p p p p p

q q q q q q

r r r r r

s s s s s

t t t t t t

u u u u u

v v v v v v

w w w w w

x x x x x

y y y y y

z z z z z

Entfalte dich selbst

LEERE SEITEN ZUM Üben

Finish.

IMPRESSUM

Autorin / Verfasserin der Rezeptesammlung: LEA S.

VERTRETEN DURCH:
FELIX HERDEMERTENS | DANZIGERSTRASSE 4 | 26789 LEER |
E-MAIL: FEHEKINDLE@GMX.DE

TAG DER **Veröffentlichung**: 27.02.2017

22227060R00119

Printed in Poland
by Amazon Fulfillment
Poland Sp. z o.o., Wrocław